JN410949

모양글 닿소리

이광호 시집

인지
생략

들꽃시선 142
모양글 닿소리

지은이/이광호
펴낸이/문창길
초판인쇄/2020년 10월 25일
초판펴냄/2020년 10월 30일
펴낸곳/도서출판 들꽃
주 소/100-273 서울 중구 서애로 27 서울캐피탈빌딩 B2-2호
전 화/(02)2267-6833, 2273-1506
팩 스/(02)2268-7067
출판등록/제2-0313호
E-mail:dlkot108@hanmail.net

값 9,000원

* 파본된 책은 바꾸어 드립니다.

ISBN 978-89-6143-213-9 03810

들꽃시선 142

모양글 닿소리

이광호 시집

들꽃

| 자서 |

훈민정음 반포된지 육백년

'글' 은 '그림' 의 준말 아닐까?

왜? 한글 자음 리을 미음 비읍 시옷 치읓 키읔 피읖은 한자의 몸기 입구 눈목 사람인 하늘천 칼도 설립자와 닮은 모양일까? 훈민정음이 반포 된지 육백년 세월이 흐르도록 왜? 이 문제를 들먹이는 사람이 없었을까? 모양을 본떠 그림 그려 만든 한자에는 왜? 태양과 지구랑 닮은 동그라미가 없을까? 살은 시옷인데 쌀은 왜? 쌍시옷일까? 어느 책 어느 우리말 사전 속에도 속 시원한 대답을 구할 수는 없었습니다. 중간에 태어나서 중간에 살다 가신 세종대왕님께 감히 묻습니다. 훈민정음 반포 이전에 우리글 한 자 없었나요? 중간에 태어나서 중간에 살다갈 소생이 감히 물었습니다. 혼자 묻고 혼자 대답하고 '조금씩 조금씩 한평생 동안' 생각날 때 마다 적어 두었더니 어느새 칠순을 맞이하여 잔치대신 책 한권 남기게 되었습니다. 한글 모양에 대하여 쓰게 된 글

2020년 여름

이광호

| 모양글 닮소리 |

차례

| 모양글 닿소리 |

제2부 문장 끝 '다' 에 대하여

| 모양글 닿소리 |

제3부 니은

| 모양글 닿소리 |

제4부 속

| 모양글 닮소리 |

제 1 부

달미음

모양글 닮소리

기역은 구부린 허리 괭이랑 영락없고
앉아 있는 옆모습 니은은 낫을 닮고
동그란 입체 동그라미 디귿은 동굴 닮았네

리을은 웅크린 알몸 미음은 입구로다
외눈목 잘라 만든 예쁜 두 눈 쌍비읍
시옷은 비단옷 입고 활보하는 사람인자

한밤중 탯줄 잘린 갓난아기 울음소리
해를 닮고 달을 닮은 한자에 없는 동그라미
이응은 알 깨고 나온 알이 아리 아리랑

사람 어깨 금을 그은 지읒은 땅지란다
그 땅지 점 하나 찍은 하늘천 치읓 자음
어머니 칼도변 키읔 부엌에서 알을 낳지

티읕은 동굴 디귿 터서 만든 글자라서
통발에든 고기처럼 휴전선에 갇힌 신세

달미음

달미음 달과 입은 어떻게 닮았을까?
살짝 웃는 초승달 입술 다문 그믐달
하품 아- 하얀 보름달 벌린 입 꼭 닮았네

심

마음심은 시 미음이라 시를 먹고 사는가
걸망에 괭이 한 자루 심마니 약초를 캐듯
볼펜 끝 낱말 살피며 글 산중을 헤매네

오 모음 둘 솟은 욕심

두 발로 움직임이 하나처럼 빨리빨리
일 만개 하늘자음 별 만큼 많고 많은
오 모음 둘 솟은 욕심 하나 떼면 옥이 되라.

운

구름 위 잠시 높이 앉아있는 사람들아
우니은 바람 타고 얼마나 흘러갈지
한랭한 전선을 만나 우박으로 떨어질라

그대여!

가다가 돌아보니 고향이 다가와서
빈 골목 하얗도록 살면서 아픈 생각
낱말 길 거꾸로 걸어 오지 못한 그대여!

가뭄

논을 갈던 '갈' 에서 리을 떼니 가가되고
물 말라 없어진 무에 쩍쩍 금간 미음자
저수지 옛날 가마터 널부러진 사금파리

거봐라! 개운한 정치

머리만 감지 않는 온몸 다 씻어봤고
온몸을 씻지 않고 머리만 감았더니
거봐라! 개운한 정치 몸과 머릴 다 닦아라.

'하다' 에 대하여

일하다 살펴보니 하다란 하늘 하라
날 낳은 나 히읗에 닿다 마저 그렇구나
그믐달 리을 몸 떼고 문장 끝 다 되었다.

지평선 긴- 글 그림자

벼 벤 논 고랑타고 가을보리 파종하는
한 소절 눈을 감고 일 기역 하는 모습
지평선 긴- 글 그림자 먹물처럼 번지네

죽음

무덤 속 묻어드린 내년 봄 새움 틀까?
할머니 할아버지 하늘에서 거둔 알곡
히읗알 눈뜨란 영혼 죽음 또한 파종일세

'없' 다에 대하여

이리 오너라 업고 놀자 없어지는 한 사람
업은 사람 없다는 전무 아닌 절반이라
소리쳐 몸을 푼 다음 셋이 웃고 살더라

등산은 왜?

산 오름 등산은 왜? 동산이라 아니할까?
한 평생 오른 적 없는 내리막길 걸어내린
지평선 제 집을 떠나 등을 지고 가니까

왜? 에게

'외' 라고 하지 않고 '왜' 라고 글 썼을까?
오아는 와선 안될 가이처럼 제자리에
와! 하고 몰려온 왜적 단칼 모음 막았잖니

뽑기

잘 살피고 뽑아라 뽑기 뽑는 어린 조카
보고보고 찍으세요 선량 뽑는 큰아버지
외눈목 횡으로 잘라 두 눈 부릅뜬 쌍비읍

아침마다 새 눈뜨란

외눈목 한 가운델 횡으로 뚝 자르니
부부처럼 뿌듯한 비읍자가 둘이라
예쁘다 기쁜 쌍비읍 손뼉치고 말았네

이른 봄 비를 맞고 움트는 나무처럼
아침마다 새눈 뜨란 두 눈망울 나뉜 뜻은
대각선 촛점을 맞춰 보는 비읍 하나라네

낱말에 대하여

낱말의 낱에 받힌 밑자음은 티읕일까
동굴모양 디귿자를 터서 만든 티읕이라
눈을 떠 듣는 이에게 속마음을 트니까

낱말의 말을 쪼갠 미음과 알아닌가
미음은 입술모양 입구랑도 꼭 닮았네
입에서 나온 알이니 귀담아 두란 말일세

부채춤 사랑을 펼친

뿌리란 새랑 같은 부리가 여럿이라
물구하는 나무들은 거꾸로 선 물구나무
부채춤 사랑을 펼친 주렁주렁 열매들

기압골 한 울타리

벗우를 비우랑 같다 생각 한 번 바꿔보니
기압골 한울타리 내린 비로 농사짓고
대기권 함께 숨 쉴 날 어느 생애 또 있을꼬

하루

히읗은 하늘자음 리을은 몸기 닮았네
농번기 오늘 하루 옥답에 내린 몸 빌세

새벽별
리을 뗀 벼 가꾸고
돌아올 때 긴- 초승달

기역은

걷는 발 기역하러 여명은 밝아오고
이른 봄 논을 갈아 리을땐 가을 알곡
기역은 땅 파는 도구 괭이 모양을 본떴네

쓰는 말 기역하면 마음이 맑아지고
두 번을 고개 숙인 너에게 넉넉하여
기역은 허리 구부린 옆 모습을 닮았네

그래 살짝

교수님께 묻습니다. 학문을 연구하신
살과 산의 쌍시옷 쌀 모양을 아십니까
삷이란 알미음이라 그래 살짝 묻습니다.

장관님께 묻습니다. 나라 살림 경영하신
올 농사 힘껏 지은 쌀 내년 식량 말입니다.
삶이란 살미음이라 그래 살짝 묻습니다.

아내가 말린 빨래

아내가 말린 빨래 수증기 구름 됐을까
저-하늘 쳐다보니 거꾸로 쓴 '물' 글자
본래는 '롬' 이었다가 아롱아롱 구 '름' 됐지

기역에 디귿을 더한

기역 니은 디귿 리을 읽는 순서 딱 알맞네
디귿을 디읃이라 쓰지 않고 쓰는 뜻은
기역에 디귿을 더한 다음 글은 리을이라

제 2 부

문장 끝 '다'에 대하여

쌀에는

쌀에는 살과 살과 백의 민족 쌍시옷이
모음엔 아리아리 노래까지 들어있네
풍년이 들면 들수록 다독다독 잘 가꾸소

살다가 사라져가는

집안에서 몸과 머리 따로따로 놀다가
대문 밖을 니서면 리을 닫고 멀리 간다
살다가 사라져가는 리을 모양 알고 싶다

젊은이 고흥 반도에

기역은 땅을 파는 도구를 닮았으니
오 모음 땅에 묻은 씨앗들 새움 터서
높을 고 한층 더 높인 인공위성 연 띄웠네

홍이란 히읗자음 하늘 그린 그림이라
모를 낸 흐린 하늘 이응 받친 둥근 태양
간척지 가을바람에 일렁이는 황금물결

본래는 섬인 듯이 천연의 다리 놓인
육면의 푸른 바다 어족자원 무궁한 곳
젊은이 고흥반도에 꿈 한 자락 펼쳐보세

세종대왕께 감히

중간에 태어나서 중간에 살다 가신
세종대왕님께 감히 혼잣말로 묻습니다.
대왕님 살던 옛적에 우리글 한 자 없었나요.

의원풍경

의사의 '의' 글자는 정말로 의자 같다
아픈 사람 마주앉아 종일토록 진료하고
웃음 띤 간호사 분들 왔다 갔다 하더라

어떤 행복

흙먼지 풀풀 나는 밭 갈고 고랑 타서
해 둥근 가을날에 보리를 파종하면
긴-긴 봄 보리고개를 넘어가곤 했다오

단 한번 움직인 탓에

새 움튼 우 미음은 비우 내려 미음 먹다
지 기역 자라 올라 열린 열매 떨어지면
단 한번 움직인 탓에 땅 한 바퀴 다 덮었네.

부부

외눈목 한가운데 둘로 나눈 쌍비읍
전설 같은 인연 따라 같은 글자 맺은 부부
이랑이 긴-보리밭에 내린 봄비 같아라

부부란 함께하면 쌍비읍 뿌듯하고
옥이였다 헤어지면 부끄러운 욕이되리
둥근 달 솟는 동산에 반달묘가 되소서

문장 끝 '다'에 대하여

다댜 더뎌 첫마디가 문장 끝 '다' 되었네
그믐에 저문 달 몸기 닮은 리을 떼고
초승달 그 다음 문장 이어가란 뜻일까?

웃음보다 고운 울음

생명이란 낱말처럼 둥근 이응 닮았을까?
잉태한 〈새며〉눌 아이 만월처럼 아름답다
새〈생명〉 탄생을 알린 웃음보다 고운 울음

무더위

더위는 왜? 우이일까? 더군다나 무더위는
무에다 리을 붙이면 흐르는 물이 되니
참아라! 잠시 지나면 비가 내릴 징조라

비 지읒

구름 구 귀할 귀요 비우이 위대하다
잔손질 몇 번 하고 농사 짓는 소꿉놀이
비 지읒 곡비 내린 땅 빚만 지고 살았네

흐린 날 리을 기역으로

흙 글자 리을 떼면 흑심이 될까 싶고
늙은이 굽은 허리 행여나 눕게 될까
흐린 날 리을 기역으로 봄 파종을 하누나

국가

국가는 농장이다 열심히들 가꿀 일은
나라 '국' 거꾸로 쓴 '논' 글자 더욱이나
'가' 에다 리을 몸 더한 논갈이가 되니까

눈 글자 거꾸로 쓴

벼 벤 뒤 빈-들녁에 하얀 눈 내린 겨울
눈 글자 거꾸로 쓴 곡 글자 되옵나니
오동지 육섣달 님아 풍년 꿈을 꾸었네

잘못

자리란 잘하여도 못한 걸 못 덮는다
장례식 잘한 일만 아무리 들먹여도
잘한 걸 못한 것 함께 잘못이라 부른다

벼ㄴ

모내기 끝내 놓은 바다 같은 들판에서
이파리 하나라도 노랑병 약을 뿌린
저-들녘 누렇게 변한 절을 하고 싶구나

남

남이란 무엇이냐? 너 아닌 나 미음이라
얇은 옷 속살 비춘 살면서 다 보였을
죽은 뒤 생전의 나를 마음 먹은 사람들

마음도 말에 담아서

마당가에 마 한 필 고삐 매여 서있다
안방에서 나온 주인 말을 타고 나선다
마음도 말에 담아서 입 밖으로 나올까?

해님이 의자에 앉은

시골도 고달프단 농삿일만 아니란다
해님이 의자에 앉은 희망도 생겨나고
누우면 비가 내리는 여율 잦는 하루란다

새+벽

때 이른 봄날 새벽 잠을 깨운 고주파
이 사람 어서어서 일어나란 새소리
잠 깬 들
벼 기역하러
어서 빨리 가야겠네

빠른 발 기역하러 서둘러 가는 여명
순 한 말 기역하고 보내드린 하얀 여인
엊저녁
노을이 열린
밝고 맑은 오늘 새벽

통일도 큰 웃음 한 번

태풍은 짜락짜락 통발에 든 낙지 같다
긴가민가 들어갔다 기를 쓰고 더 못나오는
양쪽끝 툭! 터져 있는데 왜? 그런지 모르겠네

동굴 닮은 디귿자를 터서 만든 티읕이라
통일도 마찬가지로 트였는데 안되는걸까
휴전선 비무장지대 누가 통발 놓았을까?

못가는 철조망보다 속마음 흰그물 때문
그렇담 걷어내야지 맑은 마음 가라앉혀
통일도 큰 웃음 한 번 오고가면 되려만

골목

엎드려 목을 길게 올라오는 모음이라
눈을 감고 길어 올린 낙숫물 때문일까
초가집 정답게 살던 옛날 풍경 말일세

이웃들 모두 떠난 누군가 그리운 골목
오늘은 휴가철 맞아 희고 붉은 사람들이
돌아와 시끌벅적 쿵짝! 꿈을 꾸고 있구나

날씨

군님씨댁 날씨라 그리 높여 부를만하다
콩꽃 필때 가물면 어쩔거나 싶다가도
출수기 벼 이삭 팰 때 비바람 칠까 겁난다

비를 빌어 두 손 비빈 옛날 일만 여겼더니
첨단 문명 발달한 지금에도 어쩔 수 없네
예보는 말만 많았지 내린 비를 못 그쳐

기역에 대하여

기역을 역으로 돌려 니은 글자 된다지만
그렇다고 낫을 놓고 기역이라 이른다면
낫이란 글자 속에는 기역이 없지 않은가

기역은 땅 파는 도구 괭이를 닮았거나
엎드려 일하느라 허리 굽은 옆모습이라
한글도 모양을 일깨워 풀어 봄이 어떨까

제 3 부

나은

니은

네가 보는 날 닮았다 앉아있는 옆모습
너랑나랑 편가르고 노랑나비 날개 쪼갠
나누는 도구가 맞다 낫을 닮은 니은이라

오동지 육섣달님아!

논 글자 거꾸로 쓰면 나라 국이 된다하고
눈 글자 거꾸로 돌려 곡 글자 되옵나니
그래서 그리 말했을까? 눈 오면 비 내리신다.

작년에 흰쌀 농사 큰 풍년 들었기로
올 한 해 그런대로 무사히 지났건만
출수기 큰 바람 지난 금년에는 흉년이라

내년 일 뻔한 걱정 이만저만 아닐세
그래서 그랬을까? 눈 오면 비 내린다.
오동지 육섣달님아! 흰 눈 밟힌 저-빗소리

논 글자 거꾸로 쓰면 나라 국이 된다하고
눈 글자 거꾸로 돌려 곡 글자 되옵나니
금년에 공드린 농사 내년 식량 잊지 마오

일몰

노을이 저리 고우면 내일 날씨 맑다하고
그 맑은 가을날 보리를 파종하는 행복
내년 봄 보리고개를 이래저래 넘겠네

우리 부부 나이 고개 황혼을 하얗게 넘어
무난히 지났지만 지난 날을 뒤돌아보니
옳단 말 닿소리 받침 실천하고 살았을까?

히읗은 하늘자음 한글 모양 그렇구나
죽은 다음 옳아야 오래오래 옳다는데
나 미음 남으려거든 살아 생전 남에게

인생은 들녘을 적시며 흘러내린 물이련가
오른 적 없어도 내리막은 있더라
지는 해 마지막 흔적 모래살을 비추네

디귿은 동굴 닮았네

산행을 하였는데 갑자기 비가 내려
평소에 지나치던 키 작은 동굴 하나
비긋고 쓱 나선 이제야 디귿 모양 속 알겠네

동그라미 첫 자음은 하필 왜? 디귿일까?
체증 같은 궁금증 풀리지를 않더니
이응은 평면 동그라미 디귿은 입체 동그라미

디귿은 동굴 닮았네 한 방울 물샐틈없이
웅얼웅얼 울리는 빈독을 뉘인 모양
대문을 나들때 마다 동굴 생각 절로이네

막내딸 친구랑 함께

아침 해 둥근 모양 이웅 달린 행복일까
날마다 떠오르는 섭리의 동그라미
갑오년 새해 아침에 일출 보러 떠났단다

꼭두새벽 전화벨 소리 누군가고 받았더니
떨리는 맑은 목소리 복 많이 받으란다
막내딸 친구랑 함께 해맞이를 한다네

젊으나 젊은 나이 너희 소망 빌어두고
차가운 맑은 공기 상쾌한 산상에서
두 날개 활짝 펼치고 날아 내려오너라

벼ㄹ

거꾸로 매달려 듣는 TV 소리 한가진데
눈을 뜨고 얼핏 보아 보는 내가 거꾸로네
한글 뜻 소리만 풀어 그른 세상 옳다한들

리을은 몸기 닮은 발가벗고 웅크린 모양
이른 새벽 벼를 가꿔 돌아오는 저물녘에
저-하늘 금빛 반짝이는 벼 알몸을 보았니

돌

디귿을 투욱 터서 터를 닦아 세운 집
정든 집 그리우면 언제든 돌아오라
대문을 달지 않은 채 큰 돌 둘을 놓았네

남해여! 선물내린

평생을 갯마을에 어장하고 살면서도
낭장망 멸치잡이 엄두를 못 냈는데
장교로 예편한 부부 가당키나 하리요

맨 처음 계약할 때 고향이 어디메뇨?
서울서 살았다니 이겨낼지 모르겠소
고생을 사서 한다는 젊은 나이 아닌 터에

열심히 더 열심히 흰 얼굴이 까맣도록
바꿔 탄 헬리콥터 선장님 배 잘 타고
사모님 멸치 고르는 솜씨 또한 일품이라

남해여! 선물내린 베갯머리 파도소리
해 둥근 가을 날에 보리 파종 얻는다는
행복은 이듬해 봄날 부부 품에 깃들었네

병원에 가서

병원에 가서 이 말하면 섭섭해 할까 몰라
병이란 벼 이응은 황숙기 고개 숙인 벼
우언은 살짝 비 내린 오늘 하루 쉬고 싶다

사람은 시옷과 리을

사로만 살 수 없고 람으로 그럴 수 없네
사람은 시옷과 리을 어울려야 행복하네
시옷은 옷을 입고 웃는, 발가벗은 울음 리을

평생을 그대 옆에

평생을 그대 옆에 살면서 몰랐었네
묘란 말 묘한 글자 어미모만 둘이랄까
옆이란 여피읖이라 여자 품을 일렀건만

기후

기후란 무엇일까? 다음다음 아니더냐
기역으로 파종한 후 하늘 히읗 우 모음
기다려 기다렸다가 비를 맞고 자란다

눈 감고 말만 들어도

아버지 아 모음이라 야단을 잘 치시고
어머님 어 모음으로 여유를 갖는 걸까?
눈 감고 말만 들어도 어느 편인줄 알겠네

보름달 사발에 담아

세월아! 부르면서 해맞이는 왜? 갈까
명절을 쇠지 않는 크리스마스 때문일까
보름달 사발에 담아 빌고 계신 어머니

키읔은 글 모양이

키읔은 글 모양이 칼도 변과 꼭 같을까?
칼이란 낱말을 풀어 키읔과 알 모음이라
어머니 부엌 도마질 알 낳는단 뜻일세

긴-칼을 세운 키는 옆으로 크라하고
실상은 긴 칼이란 살상의 도구가 아닌
검으로 수양을 쌓아 제 잘못을 베란다

지혜란 낱말을 한 번

지혜란 낱말을 한 번 땅의 혀를 세운 사람
이렇게 치켜세우니 농사꾼 빛이 난다
이른 봄 새싹을 틔워 가꿔 먹는 알 미음

오호라 한 팔 가지곤

일하느라 정신없이 벼를 벨 땐 몰랐지만
아버지 버와 버 벼에는 두 모음일세
오호라! 한 팔 가지곤 벨 수 없어 그랬구나

망울꽃 머금은 미소

초승달 웃음 배든 입술 다문 미음이에
눈썹 밑 파인 시옷 코랑 입 소 모음오
망울꽃 머금은 미소 잠든 듯이 고와라

천천히 하늘 가는 일

살다가 사라지는 리을 몸 잘 지키고
초승달 떠올라서 문장끝 다 될 때까지
천천히 하늘가는 일 지는 해야 서서히

얼마 전 소 한 마리

흔히 쓰는 소중하단 그 말뜻 알까 몰라
얼마 전 소 한 마리 가족처럼 여기더니
이제는 살 통통 찌워 살코기 값만 따지네

시 미음

이른 봄비를 맞고 불탄 잔디 푸른 듯이
혼자 마음 울적하여 발로 쓴 이 글 한 편
마음심 갈증 풀어줄 시 미음을 하소서

뻔한 일 모른다 말고

사업은 사람사와 업고 놀자랑 똑같다
잘한 것과 못한 걸 합해 놓은 잘못이니
하다가 잘못 되어도 웃으려거든 하여라

정치란 정으로 하되 결국에는 치란다
잘한 것과 못한 걸 함께 부른 잘못이니
뻔한 일 모른다 말고 말하려거든 하여라

잘못을 새로 시작할

삶이란 끝이 없고 실 끝은 시작이 없다
잃어버린 끝을 찾아 엉킨 실타래를 풀 듯
잘못을 새로 시작할 제 잘못을 모른다네

해 둥근 젊은 시절에

고생을 섞지 않는 행복을 원합니까?
행복을 그럼 어디 곰곰이 살펴보아
해 둥근 가을보리를 기억으로 파종하다

결혼도 안하겠다 출산은 더군다나
반려견 함께 산다 행복할진 모르겠소
양친이 다 돌아가신 부모 나이 되면 알까?

늙어서 돌아갈 곳 리을 기역 흙이란다.
식물도 꽃을 피워 다음 열매 맺어둔 듯
해 둥근 젊은 시절에 사랑보리 심으소서

친구랑 한 잔 할까

친구랑 한 잔 할까 병뚜껑 비틀어 따니
따 놓은 병과 뚜껑 쌍디귿 딱 알맞네
빈 독을 옆으로 뉘인 동굴 디귿 둘 아닌가

제4부

속

고생을 섞어서 깊은

코로나 일구 때문에 직장이 잘렸다면
농사꾼 내말 듣고 서운타 생각마오
자른 잘 지읏 알이란 땅에서 거든 알곡이니

인생은 새옹지마 이왕에 거리 두고
삼동을 움추렸다 다시 맞은 새봄 오듯
우 미음 움을 돋아서 움직이면 되지 않소

나라도 도움 주고 스스로 더 일어나
꿋꿋이 어려움을 이겨낸 보람이란
고생을 섞어서 깊은 행복한 삶 일궈보세

벼 니은 누렇게 변한

시간은 이른 봄날 논을 갈고 지나간다
서둘러 모를 심은 청춘모롱이 잠간지나
벼 니은 누렇게 변한 저녁 노을 고와라

탈 없는 오늘 잠자리

웁쌀 섞인 보리밥일까? 밥과 법은 무엇일까?
밥 먹고 살기가 걸리지 않는 법이 없네
탈 없는 오늘 잠자리 한 숨 길게 내 쉬네

지난 덧 읽어둔 생애

일기를 줄인 낱말 읽 글자 되는 걸까?
글이란 말을 그린 그림의 준말이라
지난 덧 읽어 둔 생애 글 그림을 그리다

지난 날 그리운 골목

북극해 얼음처럼 농촌일 걱정이네
빙 두른 이웃집들 아홉을 손꼽았던
지난 날 그리운 골목 집 한 채가 살아요

이른 봄 땅을 깨우던

그냥 놀고 먹기가 일하기보다 힘든 세상
소는 작은 짐승일까? 움직이는 뒷동산
이른 봄 땅을 깨우던 소중한 엊그제여

중국을 이응 달아준

얕잡아 보지 마오 작은 나라만 못하리다
문자에 영이 없어 그럴리는 아닐테죠
중국을 이응 달아준 시계추 같은 동그라미

자리란 언뜻 들어도

잘이란 지읒 알이라 땅에서 나온 알곡이니
자리란 언뜻 들어도 잘이란 말 되는 것은
정치란 농사를 짓 듯 잘하란 뜻 아니겠소

빈-동네 정자나무

빈 동네 정자나무 맴돌다 가는 길에
여인네 얼음동동 메밀국수 한 사발을
매미는 울음소나기 여름시를 외우다

죽을 둥 소리친 산통

사랑은 동그라미일까? 여자가 영이 되는
며느리 명줄 받은 초롱초롱한 눈망울
죽을 둥 소리친 산통 '명산' 이라 불렀네

못자리

남아도 모자란다 일손처럼 모자란다
말로만 남는대도 부정 타면 아니 되리
봄볕에 싹을 틔워서 뿌리박은 못자리

새 생명 찬란하여라

어머니 며와 며는 며느리 며가 되고
며느리 며에 다가 사랑 이응 더 했더니
새 생명 찬란하여라 금줄 꼬아 걸었네

바 이응

네모난 한옥인데 방이란 둥근 이응
이끼가 끼니 되던 순록을 먹인 시절
둥근 방 옮긴 동산에 끼리끼리 살았단다

소리에 뜻을 담아서

앙앙 울던 아이가 엉금엉금 기어가다
영에서 이제 막 출발한 손자 녀석
소리에 뜻을 담아서 글을 쓰고 있구나

왔던 길 도로를 도로

도로의 리을 자는 도로랑 꼭 같구나
노을진 고갯마루 올라서 뒤돌아보니
왔던 길 도로를 도로 돌아가고 싶어라

속

속이란 시옷 오 기역 속속들이 알아보니
사람들 속 모르고 속이 없다 하련만은
속이란 두 다리 사이 사랑한 곳 아니더냐

낮잠

'해가 떠있는 동안' 사전풀이 외우지 마소
나 지읒이란 지상에서 제일 낮은
모낸 논두렁을 베고 드렁드렁 낮잠 한 숨

독서란 빈 독에다

어찌하여 일기역일까? 종이 지평선 책갈피
이른 봄 쟁기질하듯 갈아 넘긴 때문일까
젊은 날 마음 전답에 파종하란 일기역

독서란 빈 독에다 알곡처럼 담아두고
나이든 훗날까지 다독다독 든직하여
인생의 보릿고개를 행복하게 넘어가리

하물며 더불어 살다

그리움 글 움을 트고 사람이 사랑바퀴 달면
혼자 살아도 천년은 즐거우리
하물며 더불어 살다 하늘가는 인생이라

'마다' 란 무엇일까?

'마다' 란 무엇일까? 날마다 끼니마다
곰바인 거둔 알곡 먹고 살다 잊었는가
도리깨 내리친 마당 이응 떨어진 '다' 글자

비 나은

서운한 마음접어 허공중 띄웠을까?
구정이 낼 모랜데 택배 차 그냥 갈 때
살다가 빈자리 두고 떠날 때랑 그럽니다

마음 심은 시 미음

논밭에 농사 짓듯 글도 짓는 것이라며
마음 심은 시 미음 끼니마다 먹어야 살지
마음 밭 움트는 종자 시 한 수 짓고 잠들다

큰아들 큰일이다

큰아들 큰일이다 엄벙덤벙 나이 들어
건강한 시골 살이 시집 온단 아가씨 없네
행복은 해 둥근 가을 보리파종이련만

살면서 낳은

열 손가락 깨물어 안 아픈 손가락 없듯
살면서 낳은 시편들 가려 뽑을 순 없잖은가
나룻배 긴-강물 건너 한꺼번에 실어 보낸

오늘 밤 단시 한 편

일상을 시로 적은 시시한 글이 될까
시시를 둘로 쪼갠 오늘 밤 단시한 편
글 산중 깊이 들어가 빚어볼까 하노라